HIPPOLYTE MINIER

LE SONGE

DE MOLIÈRE

Episode

Représenté, pour la première fois, sur le Théâtre-Français
de Bordeaux, le 21 mai 1867,
et sur la scène du Grand-Théâtre, le 25 du même mois.

BORDEAUX

FÉRET, LIBRAIRE-ÉDITEUR

15, Cours de l'Intendance, 15.

1867

Le Songe de Molière, à part les seize premiers vers et les douze derniers, est textuellement extrait de *Molière à Bordeaux,* comédie épisodique, en deux actes, du même auteur, représentée à Bordeaux, le 14 janvier 1865, sur le Théâtre-Français, et reprise, au Gymnase dramatique de la même ville, le 15 janvier 1866.

LE SONGE DE MOLIÈRE

ÉPISODE.

Une grande salle. — Porte au fond. — Portes dans les angles. —
A droite, une fenêtre. — A gauche, au 1ᵉʳ plan, un grand fauteuil. — Ameublement luxueux, de la fin du règne de Louis XIII.

—

La scène se passe à Bordeaux, en 1648, chez le duc d'Epernon.

—

PERSONNAGES.	ACTEURS.
MOLIÈRE, 26 ans.	M. CHAVANNES.
MADELEINE BEJARD, surnommée Gaesinde.	Mˡˡᵉ GABRIELLE.

—

SCÈNE PREMIÈRE
MOLIÈRE, MADELEINE.

(Ils entrent ensemble ; Molière rêvant, Madeleine admirant la
richesse de l'appartement.)

MADELEINE.

Je ne m'étonne pas que le duc d'Epernon
De seigneur magnifique ait mérité le nom...
Sa demeure est vraiment un palais... c'est superbe !
(Attirant Molière vers la fenêtre.)

Le beau jardin !... Vois-tu l'eau qui s'élance en gerbe ?...
Qui retombe en cascade ?...

MOLIÈRE, distrait.

Oui... j'en trouve l'effet
Merveilleux...

MADELEINE.

Et, là-bas... ce dieu Pan ?....

MOLIÈRE, sans regarder.

Oh ! parfait !...
J'aime, sur un vieux marbre, à voir courir le lierre...

MADELEINE, vivement.

Tu ne regardes pas... Ah ! Molière ! Molière !
Ta pensée est ailleurs... Mais conviens, avec moi,
Que le duc, dans Bordeaux, est logé comme un roi ;
Que l'*Illustre Théâtre*, en devenant son hôte,
Reçoit du noble Sire une faveur très haute,
Et qu'enfin cet honneur, dont chacun à sa part,
On le doit tout à moi, Madeleine Béjart.

MOLIÈRE, tristement.

Ton crédit, chez le duc, n'est pas chose nouvelle...
C'est un chaud protecteur...

MADELEINE, caressante.

Toujours, dans ta cervelle,

Des papillons noirs?... Fi ! c'est laid d'être jaloux...
    (Gaîment).
Voyons... devant le duc, ce soir, que jouons-nous?

MOLIÈRE.

Je voulais débuter par une tragédie,
Mais la veine héroïque en moi s'est refroidie.

MADELEINE.

Refroidie?... Ah ! mon cher, tu te flattes... Son feu
Ne te brûla jamais.

MOLIÈRE.

Hélas ! j'en fais l'aveu...
Oui, la muse tragique à ma voix est rebelle :
Ma *Thébaïde* en est une preuve nouvelle.

MADELEINE.

C'est plat... Tu cours en vain après le merveilleux...

MOLIÈRE, tristement.

Ma tragédie est morte en naissant ..

MADELEINE.

Eh ! tant mieux !
L'Olympe reste sourd, quand ta plume l'évoque?
Laisse dormir les dieux et sois de ton époque !
A toi, la comédie... Elle te tend les bras...
Prends son masque et son fouet... Tu les illustreras...

Souveraine, elle livre à ta veine féconde
Les vices, les travers, le cœur humain... le monde !

MOLIÈRE.

Mais le monde à mon cœur inspire le dégoût ;
La force y fait la loi, l'injustice est partout ;
Je ne puis fréquenter ni la cour, ni la ville,
Sans y trouver matière à m'échauffer la bile.
Ma raison se récrie aux choses que je voi,
Quand ce n'est pas l'honneur qui se révolte en moi !
Que de fois, indigné de ce que j'entends dire,
Pour ne me point fâcher je m'efforce de rire !. .

MADELEINE.

Ris donc... mais sur la scène, où tes plaisants pinceaux
Deviendront la terreur des fourbes et des sots...
Les répréhensions sont des armes usées ;
Il faut livrer le vice aux publiques risées,
Si l'on veut que le vice expire sur le champ.
Insensible à la voix du remords, le méchant
Devant la raillerie avec effroi recule :
On veut être mauvais, mais non pas ridicule !
Ris donc... Et, salué par tous les nobles cœurs,
De ton siècle, en riant, tu châtiras les mœurs....
Va, crois en la Grésinde (ainsi que l'on me nomme),
L'œil d'une femme est prompt à lire dans un homme ;
Le génie aisément se révèle à l'amour :

Je t'aime... et te juger fut l'affaire d'un jour.
Ton esprit soucieux, qui lui-même s'observe,
Ta bile qui déborde en satirique verve,
Ton courage debout devant la vérité,
Ton visage éloquent, ton geste médité,
L'ironie aiguisant ses traits dans ton sourire,
A mon œil exercé cela pourrait suffire,
Si j'ignorais encor tes comiques essais,
Pour voir en toi l'honneur du Théâtre-Français !

MOLIÈRE.

Malheureuse .. tais toi... Tu vas me faire croire
Au laurier populaire... au génie... à la gloire !...

MADELEINE.

Je veux te faire croire à toi-même...

MOLIÈRE, s'appuyant au fauteuil.

Oh ! mon Dieu !

Je sens mon cœur brisé... ma cervelle est en feu...
Ah ! que sortira-t-il de ce brûlant délire ?...

MADELEINE, avec conviction.

Des chefs-d'œuvre !

MOLIÈRE.

Grésinde !

MADELEINE.

Il te suffit de rire

Pour l'immortaliser.

MOLIÈRE, tristement.

Je rirai...

MADELEINE.

Mais il faut
Rire pour faire rire... en public et tout haut.

MOLIÈRE, avec gaieté (à l'avant-scène).

Eh ! bien, soit !... Est-ce donc chose si difficile
Que de rire aux éclats d'un bourgeois imbécile,
Qui, singeant au rebours l'homme de qualité,
Travestit la noblesse en plate vanité ?
Faut-il de grands efforts pour livrer au sarcasme
L'amour, chez un barbon, luttant avec un asthme ?
Le jargon précieux d'un tendron suranné ?
Les impromptus moisis d'un rimeur forcené ?
La jactance d'un fat affichant sa maitresse ?
Les soupirs onctueux d'une prude en détresse ?
La soif du gain qui fait de l'avare un fripon ?
L'impertinent orgueil d'un auteur en jupon ?
Je rirai de ceux-là... je rirai de bien d'autres. .
De vous qui, d'Esculape homicides apôtres,
Assassinez en règle, armés publiquement
Du droit de l'ignorance et de l'entêtement !...
De vous qui, saintement, convoitez notre femme ;
Qui nous déshonorez... pour le bien de notre âme ;

Et, mains jointes, d'un air confit en oraison,
Dans l'intérêt du ciel pillez notre maison!...
Oui, marchands d'antimoine : oui, pieux hypocrites,
J'égalerai mon rire à vos puissants mérites.
Il réserve à vos fronts de suprêmes pâleurs...
Mais que ce rire-là me coûtera de pleurs!...

(Il s'assied dans le fauteuil.)

MADELEINE, émue.

Poquelin!

MOLIÈRE.

Va, je sais où conduit la satire,
Et quel profit toujours l'honnête homme en retire
Le pédant effronté, l'hypocrite hideux,
Ne pardonnent jamais à qui fait rire d'eux ;
Le ridicule aboie à l'auteur qui le joue,
Et le vice, en passant, le salit de sa boue!...

(Il se lève.)

Mais nul homme ne vient au monde sans avoir
Sa mission... La fuir, c'est faillir au devoir!
Peut-être que sans toi j'eusse oublié la mienne...
Merci... De ton amour que la force me vienne!
Car le théâtre aussi peut avoir son martyr :
J'ai besoin d'être aimé pour savoir mieux souffrir!

MADELEINE.

Mais je t'aime, Molière... et d'un amour bien tendre.

Bien vif... A plus d'amour tu ne saurais prétendre...
Je t'aime... et te serai fidèle, comprends-tu,
Fidèle... par orgueil... si ce n'est par vertu....
J'ai révélé Molière à Molière lui-même ;
Et c'est, en toi, ta gloire et la mienne que j'aime...
Me crois-tu ?...

MOLIÈRE.

                    Je te crois... C'est que je suis jaloux
De tous ces grands seigneurs qui te font les yeux doux.

MADELEINE.

Ils en sont pour les frais de leurs douces œillades...
Mais l'heure fuit... je vais revoir nos camarades....

MOLIÈRE.

Que répèterons-nous ?... *Les Docteurs rivaux ?*...

MADELEINE.

                                        Non.
Il faut un mets plus fin pour le duc d'Epernon...
Le Dépit amoureux...

MOLIÈRE.

                    La pièce est incomplète,
Et trois actes entiers sont encor dans ma tête...

MADELEINE.

Oui... mais nous en savons un par cœur...

MOLIÈRE.

Des lambeaux !

MADELEINE.

Eh bien ! nous les joûrons... Les vers en sont fort beaux :
Et notre duc aura la faveur singulière
D'applaudir, au début, le comique Molière !

(Elle sort.)

SCENE II

MOLIÈRE, SEUL.

Quelle exaltation !... Et d'un amour puissant,
C'est, à n'en pas douter, le véritable accent...
Elle fait mon tourment... et, cependant, je l'aime...
Mon cœur maudit les fers qu'il se forge lui-même...
Tout est contraste en moi... l'humeur... la volonté..
Je voudrais fuir la voie où le sort m'a jeté,
Où ma vie en secret dans les larmes s'écoule,
Et je sens le besoin du bruit et de la foule...
Il me faut le théâtre et son rire moqueur,
Pour y verser, le soir, le trop plein de mon cœur..
A travers le chagrin, la fièvre, l'insomnie,
Je marche où malgré moi me pousse mon génie...
Si l'inspiration est un présent du ciel,
Ah ! pour qui la reçoit c'est un présent cruel !

(Il s'appuie à la table et rêve. — Musique en sourdine.)

Dans le sombre avenir, dont le rideau s'entr'ouvre,
Le lointain de ma vie à mes yeux se découvre...
L'envie et le mensonge, acharnés après moi,
Me font payer bien cher l'amitié d'un grand roi...
Chaque vers où le vice est fouetté par ma plume
Me crée un ennemi dont la rage s'allume...
La calomnie ardente à souiller ma maison,
Répand sur mes amours son plus âcre poison,
Et, jusques au saint lieu, poursuivant sa victime,
Dans mon titre d'époux elle dénonce un crime!...

(Se levant.)

Plus s'accroît mon succès, plus mon laurier grandit,
Plus l'histrion se change en mécréant maudit...
Pourtant, je rends hommage aux vérités sacrées;
Oui .. mais j'ai baffoué de vaines simagrées...
Je suis un scélérat!... Des cordes! des fagots!
C'est faire injure à Dieu que rire des bigots!

(Une pause.)

Eh! que vois-je? un cercueil...C'est le mien...quelques cierges
L'escortent... Il est nuit... Deux charitables vierges
Précèdent, en pleurant, le funèbre convoi...
La cabale se tait devant l'ordre du roi...
Le sol bénit reçoit ma dépouille mortelle...
Ah! du moins ma mémoire en paix dormira-t-elle!
Non... l'astre de Louis pâlit à son déclin;
Le soleil qui longtemps protégea Poquelin

Se couche dans un ciel noirci par la tempête...
Déjà l'hypocrisie a relevé la tête...
Et, deux siècles plus tard, je l'aperçois encor
De ma muse voulant ternir les ailes d'or ..
Mais l'épreuve du temps s'est faite... et je vous brave,
Imposteurs !... Sur ma tombe épuisez votre bave...
Pour honorer mes vers... pour les sauver du feu,
J'aurai la voix du peuple... et c'est la voix de Dieu !...
            (Une pause.)
Comme le front me bat... J'ai la cervelle pleine
De folles visions...
            (Il s'assied à gauche).

                        Où donc est Madeleine ?
Avec le duc peut-être... Ah ! je vois que toujours,
Poquelin, tu seras dupe de tes amours.
            (Entre Madeleine).

SCÈNE III

MOLIÈRE, MADELEINE.

MADELEINE.

La répétition commence... Viens, Molière,
Viens... Le duc, se voilant des plis d'une portière.
Ecoute... Il s'y connaît... De ton esprit gaulois
Viens décocher les traits... Viens montrer à la fois
Ta science du cœur et ta fière ironie...
Viens prêter au bon sens les ailes du génie.

MOLIÈRE.

Le duc écoute?...

MADELEINE.

Il est tout puissant à la cour.

MOLIÈRE.

Je n'attends rien de lui... Mais tout de ton amour...
(Avec passion).
Oh! prouve-le moi bien!... car j'ai besoin d'y croire...
Ton amour c'est ma vie... et c'est aussi ma gloire...

MADELEINE, dans les bras de Molière.

Grésinde t'appartient... Molière, sois heureux.

MOLIÈRE, après l'avoir baisée au front.

Achevons, maintenant, le *Dépit amoureux*.

FIN.

DU MÊME AUTEUR :

Mœurs et Travers, poésies satiriques, 2 volumes in-12.

Jérôme Casselard, comédie en deux actes et en vers, brochure in-8º.

Le Legs du Colonel, comédie en trois actes et en vers, brochure in-8º.

Molière à Bordeaux, comédie épisodique en deux actes et en vers, brochure in-8º.

Le Boucher Dureteste, drame historique en cinq actes et en sept tableaux, brochure in-4º.

L'Esprit bordelais, à-propos en un acte et en vers, brochure in-8º.

Qui a bu boira, proverbe en un acte et en vers, brochure in-8º.

Bordeaux, typ. Vᵉ Justin Dupuy et Cᵉ.